EMG3-0088
合唱楽譜<J-POP>
J-POP
CHORUS PIECE

合唱で歌いたい！ J-POPコーラスピース

混声3部合唱

orion

（米津玄師）

作詞・作曲：米津玄師　合唱編曲：西條太貴

orion

作詞・作曲:米津玄師　合唱編曲:西條太貴

13 B
p
mp
Oo
のみこんだ なないろ のほし
はふいにおちてきてあまりーにもあたたかくてーのみこんだ なないろ のほし はじ
B
F7sus4/E♭ F Gm7 B♭ F7sus4/E♭ F Gm7 B♭
17
p
mf
Oo
それでまだあるーいてゆけーるーこ
けるひーばなみたいにぎゅっとぼーくをこまらせた それでまだあるーいてゆけーるーこ
けるひーばなみたいにぎゅっとぼーくをこまらせた Ah
F7sus4/E♭ F Gm7 B♭ F7sus4/E♭ F D7/F♯ Gm7
21
C
と おそわっ たんだー
と おそわっ たんだー
ー おそわっ たんだー
Cm7 Cm7(♭5)/G♭ B♭add9 Gm7 F/A B♭ B♭/E♭
pp
mf

25
D
f
かみさまー どうかー どうかー こえをーきかせて
かみさまー どうかー どうかー きかせて
かみさまー どうかー どうかー こえをーきかせて
Gm7 F/A Gm7 F/A B♭
E♭add9 F Gm7 Dm7
29
ー ほんのーちょっと でいいーから ー もうにどと ー はなれーないように ー あなたーとふたり
ー ほんのーちょっと でいいーから ー もうにどと ー はなれーないように ー あなたーとふたり
ー いいからー Oo はなれーないようにー
E♭add9 F Gm7 B♭ E♭add9 F Gm7 Dm7
33
E
ー あのせいざのようにー むすんでーほしくてー Oh
ー あのせいざのようにー むすんでーほしくてー Oh
ー あのせいざのようにー むすんでーほしくてー Oh
E♭add9 F Gm7 B♭ E♭add9 D7(♯9)/F♯ Gm7 F/A
NO COPY
Elevato Music
EMG3-0088

37
F
mf
Oh
Oh
Oo
Oh
Oh
Oo
Oh
Oh
ゆめの なかでーさえどう
B♭ B♭/E♭ Gm7 F/A E♭M7 F7 B♭ F7sus4/C F7sus4/E♭ F
41
ーじょう ずーじゃなーい こころーぐあーい きにしーないで
ーじょう ずーじゃなーい こころーぐあーい きにしーないで
ーもじょう ずーじゃなーい こころーぐあーい Oo
Gm7 B♭ F7sus4/E♭ F Gm7 B♭ F7sus4/E♭ F
45
G
ーって なげいたーこと ー ないていたーこと ー ほつれたそーでのいとをひっぱって
ーって なげいたーこと ー ないていたーこと ー ほつれたそーでのいとをひっぱって
ー なげいたーこと ー ないていたーこと ー Oo
Gm7 B♭ F7sus4/E♭ F Gm7 B♭ F7sus4/E♭ F

49
ふっ とせいざをつくっ てみたんだ ー おたがいの ゆびをほ し と して それ は ひどーくでたらめで
ふっ とせいざをつくっ てみたんだ ー おたがいの ゆびをほ し と して それ は ひどーくでたらめで
おたがいの ゆびをほ し と して Oo
Gm7 B♭ F7sus4/E♭ F Gm7 B♭ F7sus4/E♭ F
53
ぼ くらーわらい あ え た ん だ そこに あ な た が いてくれーたーな ら それ で
ぼ くらーわらい あ え た ん だ そこに あ な た が いてくれーたーな ら それ で
Ah それ で
Gm7 B♭ F7sus4/E♭ F D7/F♯ Gm7 Cm7 Cm7(♭5)/G♭
57
いい んだー
いい んだー
いい んだー
H
pp
B♭add9
mf
Gm7 F/A B♭ B♭/E♭ Gm7 F/A

61
I
いまならー　どんなー　どんなー　こんなーんでさえもー　あいしてーみせられ
いまならー　どんなー　どんなー　でさえもー　あいしてーみせられ
いまならー　どんなー　どんなー　こんなーんでさえもー
Gm7 F/A B♭
E♭add9 F Gm7 Dm7 E♭add9 F
65
るのにー　あんまりにー　やわくーもすんだー　よあけーのあいだー　ただめーをみていた
るのにー　あんまりにー　やわくーもすんだー　よあけーのあいだー　ただめーをみていた
あいしてー　Oo　やわくーもすんだー　ー　ただめーをみていた
Gm7 B♭ E♭add9 F Gm7 Dm7 E♭add9 F
69
J
ー　あわいいろーのひとみだー
ー　あわいいろーのひとみだー
ー　あわいいろーのひとみだー
Gm7 B♭ E♭add9 D7(♯9)/F♯
J
Gm7 F/A B♭ E♭add9
Elevato Music
EMG3-0088

K
73
mf
Oo
f
まっ しろ で い る とう き み た い
mf
Oo
Gm7 F/A B♭ E♭add9
K
Gm7 F/A B♭ E♭add9
77
f
ふ ゆのー におーいだ ー
mf
Oo
な こ え を し て い た ふ ゆのー におーいだ ー こ こ ろ の な か し ず か に す
f
Oo
こ こ ろ の な か し ず か に す
Gm7 F/A B♭ E♭add9 Gm7 F/A B♭ E♭add9
81
L
mf
Oo
お ち て き た ん だ ぼ く の ず じょ う
mf
さーむ あ ら し を か う や みのー とちゅーうで ー お ち て き た ん だ ぼ く の ず じょ う
mf
さーむ あ ら し を か う や みのー とちゅーうで ー お ち て き た ん だ ぼ く の ず じょ う
Gm7 F/A B♭ E♭add9
L
Gm7 F/A B♭ E♭
mf dim.
NO COPY
Elevato Music
EMG3-0088

85
p
mp
にきらめくほし なきそうーなくらーいにー Oo
にきらめくほし なきそうーなくらーいにー ふれてーいたーんだ
にきらめくほし なきそうーなくらーいにー Oo
Gm7 F/A B♭ E♭ Gm7 F/A B♭ E♭
mp dim.
89
Oo
Oo
Gm7 F/A B♭ E♭ F
R.H.
p
93
f
M
かみさまー どうかー どうかー こえをーきかせて
かみさまー どうかー どうかー きかせて
かみさまー どうかー どうかー こえをーきかせて
M E♭add9 F Gm7 Dm7
f

97
ー ほ んのーちょっと でいいーから ー もうに どとー は なれー ないよう に ー あ なたー とふた り
ー ほ んのーちょっと でいいーから ー もうに どとー は なれー ないよう に ー あ なたー とふた り
ー いいから らー Oo はなれー ないよう にー
E♭add9 F Gm7 B♭ E♭add9 F Gm7 Dm7
101
N
ー このせい ざ のように ー むすんでー ほ し くて ー Oh
ー このせい ざ のように ー むすんでー ほ し くて ー Oh
ー このせい ざ のように ー むすんでー ほ し くて ー Oh
E♭add9 F Gm7 B♭ E♭add9 D7(♯9)/F♯ N E♭add9 F
105
Oh Oh むすんでー ほ し くて ー Oh
Oh Oh むすんでー ほ し くて ー Oh
Oh Oh むすんでー ほ し くて ー Oh
Gm7 Dm7 E♭add9 F Gm7 B♭ E♭add9 F
NO COPY

109
Oh
Oh
Oh
Oh
Oh
Oh
Gm7
Dm7
E♭add9
F
Gm7
B♭
E♭add9
D7/F♯
113
O
sempre f
Oh
Oh
Oh
sempre f
Oh
Oh
Oh
sempre f
Oh
Oh
Oh
O
Gm7
F/A
B♭
E♭
Gm7
F/A
B♭
E♭
sempre f
117
Gm7
F/A
B♭
E♭
Gm7
F/A
E♭M7
F7
B♭
F7sus4/C

MEMO

orion（米津玄師）

作詞：米津玄師

あなたの指がその胸がその瞳が
眩(まぶ)しくて少し眩暈(めまい)がする夜もある
それは不意に落ちてきて　あまりにも暖かくて
飲み込んだ七色の星
弾ける火花みたいに　ぎゅっと僕を困らせた
それでまだ歩いてゆけること　教わったんだ

神様　どうか　声を聞かせて
ほんのちょっとでいいから
もう二度と　離れないように
あなたと二人　あの星座のように
結んで欲しくて

夢の中でさえどうも上手じゃない心具合
気にしないでって嘆いたこと　泣いていたこと
解(ほつ)れた袖の糸を引っぱって　ふっと星座を作ってみたんだ
お互いの指を星として
それは酷くでたらめで　僕ら笑いあえたんだ
そこにあなたがいてくれたなら　それでいいんだ

今なら　どんな　困難でさえも
愛して見せられるのに
あんまりに　柔(やわ)くも澄んだ
夜明けの間　ただ眼(め)を見ていた
淡い色の瞳だ

真白でいる　陶器みたいな
声をしていた　冬の匂いだ
心の中　静かに荒(すさ)む
嵐を飼う　闇の途中で
落ちてきたんだ　僕の頭上に
煌(きら)めく星　泣きそうなくらいに
触れていたんだ

神様　どうか　声を聞かせて
ほんのちょっとでいいから
もう二度と離れないように
あなたと二人　この星座のように
結んで欲しくて

MEMO

ご注文について

エレヴァートミュージックエンターテイメントの商品は全国の楽器店、ならびに書店にてお求めになれますが、店頭でのご購入が困難な場合、下記PC&モバイルサイト・FAX・電話からのご注文で、直接ご購入が可能です。

◎PCサイト&モバイルサイトでのご注文方法

http://elevato-music.com

上記のアドレスへアクセスし、WEBショップにてご注文ください。

◎FAXでのご注文方法

FAX.03-6809-0594

24時間、ご注文を承ります。上記PCサイトよりFAXご注文用紙をダウンロードし、
印刷、ご記入の上ご送信ください。

◎お電話でのご注文方法

TEL.0120-713-771

営業時間内に電話いただければ、電話にてご注文を承ります。

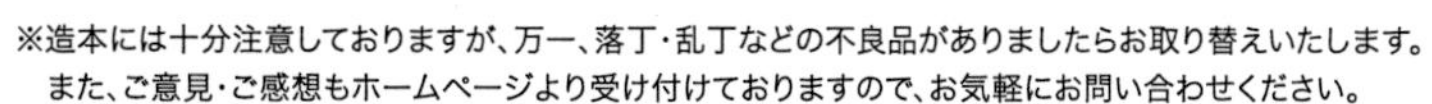

※造本には十分注意しておりますが、万一、落丁・乱丁などの不良品がありましたらお取り替えいたします。
また、ご意見・ご感想もホームページより受け付けておりますので、お気軽にお問い合わせください。

MEMO